El Silbón de Venezuela

Craig Klein Dexemple

Ilustrado por:
Karen Arévalo

ISBN- 978-0-9912038-2-6

Warning

El Silbón (The Whistler) is a terrifying ghost. While you read, listen carefully for his deceptive whistling: When it sounds close, he's actually far away. But worse, when it sounds far away, he's probably already watching you...

CONTENIDO

Un agradecimiento a mi padre por el apoyo incondicional, por su amor y consejos que han guiado muchas de mis decisiones.

Capítulo Uno

Henry quiere ser un vaquero

Henry tiene 11 años y vive en Lakeville, Minnesota. Es rubio y tiene ojos negros.

A Henry le gustan mucho las películas de vaqueros[1], y siempre ve películas de vaqueros en la Internet y en la televisión. Henry tiene muchos juguetes[2]. Tiene caballos de juguete de muchos colores. Tiene caballos negros, blancos, marrones, y grises. Su caballo favorito es blanco con manchas negras. También tiene vacas y muchos vaqueros de juguete. En su caja de juguetes tiene una colección de sombreros y pistolas en miniatura. A Henry le encantan los vaqueros. Henry quiere ser vaquero pero hay un problema muy grande. En Lakeville, Minnesota no hay vaqueros.

[1]vaqueros - cowboys

[2]juguetes – toys

En el parque Henry no juega fútbol. Tampoco juega
en los columpios. Henry siempre lleva su sombrero
de vaquero, su cinturón y su pistola de plástico. Los

niños ven a Henry y se ríen. Los niños en el parque no juegan con Henry porque piensan que Henry es extraño.

Un día un niño en el parque le dice:

—Henry no eres un vaquero real.
—Si soy un vaquero real —responde Henry.
—¿Aaa sí? ¿Y dónde está el caballo y las vacas? —pregunta el niño.

Henry no sabe que responder y miente:

—Eeh….mi mamá tiene un caballo en sus planes para mi cumpleaños. También vacas y una pistola real.
—¿En serio? —pregunta el niño.
—Sí, en serio —responde Henry.

Henry corre a casa y ve a su mamá en la cocina:

—¡Mamá quiero un caballo! Tengo un sombrero y una pistola de plástico pero no tengo un caballo. ¡Quiero un caballo para mi cumpleaños! —le dice Henry.
—Henry, tu cumpleaños es en diez meses. La casa es muy pequeña y un caballo necesita mucho espacio. —le responde su mamá.
—Soy un vaquero mamá, quiero un caballo. —insiste Henry.
—Henry, tú no eres un vaquero, eres un niño pequeño y no hay espacio para un caballo en la casa,

tampoco hay caballos en Lakeville! Necesitas un rancho.

—Entonces quiero ir a Texas —insiste Henry. En Texas hay muchos ranchos y muchos vaqueros. Mamá, quiero ir a Texas.

—Henry, tu vives en Lakeville, Minnesota. No más por favor. No quiero hablar más de vaqueros por favor. —le dice su mamá un poco cansada.

—...pero mamá, tengo un sombrero, y una pistola de plástico, soy un vaquero, quiero un caballo, quiero ir a Texas.

—¡Dije que no más! —grita la mamá.

Capítulo dos

Ricardo Rodríguez

Henry tiene un amigo en la escuela. El amigo se llama Ricardo Rodríguez. Ricardo es de Venezuela y habla inglés pero siempre habla en español con Henry. Ricardo tiene pelo negro y usa lentes grandes. Henry y Ricardo siempre juegan juntos en el recreo y en el parque. A veces Ricardo duerme en la casa de Henry durante los fines de semana. Ven películas de vaqueros, preparan palomitas de maíz y juegan con juguetes toda la noche. Ricardo y Henry son buenos amigos. Henry quiere mucho a Ricardo porque a Ricardo también le gustan los vaqueros.

Ricardo también tiene muchos juguetes en casa. Tiene una colección grande de vaqueros de juguete. También tiene un videojuego de vaqueros. Henry siempre va a la casa de Ricardo para jugar con el videojuego. En el video juego también hay caballos y vacas. Es muy interesante.

Henry pasa mucho tiempo con su amigo Ricardo.
Henry piensa que conoce muy bien a su amigo
Ricardo, pero no sabe que Ricardo esconde un
secreto. Un secreto muy grande.

Capítulo tres

El secreto

En una presentación durante una clase de español, Ricardo revela algo maravilloso. ¡Algo increíble! Ricardo dice que en Venezuela y en Colombia hay muchos vaqueros. Ricardo no habla de películas, videojuegos, ni juguetes, habla de vaqueros reales, con pistolas y caballos.

—Ricardo —le pregunta Henry— ¿Hay vaqueros reales en Venezuela?
— ¡Sí, vaqueros reales!
—¿Vaqueros con caballos reales? —le pregunta Henry otra vez
—Sí, hay vaqueros con caballos reales. —le responde Ricardo.
—.. ¿y ....hay vacas....? —le pregunta Henry muy emocionado.
—Sí, es obvio Henry, hay muchas vacas —le responde Ricardo.

Henry siente la boca seca. El corazón salta dentro de su pecho y no pronuncia una palabra más. La presentación de Ricardo termina y empieza la presentación de Amber. En su presentación, Amber habla sobre su colección de unicornios. Henry no puede concentrarse en la presentación de Amber. Está muy emocionado y está sentado en una silla cerca de la ventana. Está lloviendo en Lakeville y hace un poco de viento pero no hace mucho frío. El pasto alto de la pradera[1] de Minnesota baila con el viento y en la ventana las gotas[2] de agua ruedan por el cristal. Henry tiene una idea en su mente[3]. Quiere ir a Venezuela.

[1]pradera - prairie

[2]gotas - drops

[3]mente - mind

Capítulo cuatro

Henry busca información

Henry busca a Ricardo después de la escuela y los dos van a casa en sus bicicletas.

—Ricardo —pregunta Henry— ¿En serio hay vaqueros en Venezuela?

—Sí Henry, si hay vaqueros. Muchos vaqueros.

—¡Quiero ir a Venezuela contigo! —le dice Henry muy emocionado.

—¿Conmigo? —pregunta Ricardo sorprendido.

—Si contigo porque tú sabes donde están los vaqueros. —responde Henry—

—Henry, en mi pueblo hay muchos vaqueros, sombreros y muchas vacas.

—¿Y pistolas reales? —pregunta Henry.

—Obvio Henry, los vaqueros reales tienen pistolas reales —responde Ricardo un poco cansado de las preguntas de Henry.

Ricardo es de un pueblo pequeño en los llanos de Venezuela. El pueblo se llama Elorza. En los llanos de Venezuela y Colombia hay muchos vaqueros pero Henry no sabe nada de Venezuela, no sabe nada de los llanos. ¡Qué vergüenza! Henry le dice Adiós a Ricardo y corre a casa. Henry usa la computadora de la mamá y busca información sobre Venezuela.

Capítulo cinco

La noche triste

Durante la cena la mamá sirve macarrones con queso, los favoritos de Henry.

—Henry, macarrones con queso, tu comida favorita, —le dice su mamá con una sonrisa.

—Mamá quiero ir a Venezuela —dice Henry.

—¿Qué? —pregunta su mamá.

—Quiero ir a Venezuela —repite Henry.

—¿A Venezuela? ¿Por qué? —pregunta muy sorprendida la mamá.

—Porque hay vaqueros reales en Venezuela— responde Henry

—¡Ay no! No más vaqueros, no más vacas, no más caballos, no más nada. —responde su mamá un poco enojada.

—pero mamá yo quie...

—¡No Henry! —interrumpe su mamá— No más vaqueros, estoy cansada de los vaqueros, caballos, pistolas y las vacas. ¡No más! —repite su mamá con voz firme.

Henry se come los macarrones con queso en silencio y siente como las lágrimas se escapan de los ojos y ruedan por su cara. Está muy triste pero de repente el teléfono suena. Rin...rin...rin...

La mamá agarra el teléfono y dice:

—¡Aló! Hola Ricardo ¿Cómo estás? Sí, Henry está aquí. Un momento por favor. La mamá le pasa el teléfono a Henry.

—Aló —dice Henry
—Henry ¿Adivina qué? [1] —dice Ricardo emocionado.
—¿Qué? —pregunta Henry sin energía.
—En el verano mi papá va a ir a Venezuela y dice que tú puedes ir.
Henry mira a su mamá y con voz triste dice:
—Ok.
—¡Henry! ¿Qué te pasa? ¿Quieres ir a Venezuela? ¿Sí o no? —le pregunta Ricardo.
—Ricardo —susurra[2] Henry para que la mamá no escuche— Mi mamá no me permite ir. No puedo ir. Adiós.

Henry apaga el teléfono, lleva los platos sucios a la cocina y sube las escaleras para ir a su dormitorio. Está muy triste.

[1]¿adivina qué? – Guess what?

[2]Susurra – Whispers

Capítulo seis

Una sorpresa

En la mañana Henry va en bicicleta a la escuela pero no lleva el sombrero de vaquero. Henry entra a la clase y los niños lo miran sorprendidos porque no tiene el sombrero.

—¿Dónde está tu sombrero de vaquero Henry? —pregunta una niña.
—No soy un vaquero real, soy un niño pequeño —responde Henry con una voz triste.

En ese momento llega la profesora y la clase empieza. Henry no lee y no escribe nada en todo el día y tampoco sale al recreo. Está muy triste. Henry pasa todo el día en silencio. No habla con Ricardo.

—Hola Henry, ¿Estás bien? —pregunta Ricardo
—Sí, estoy bien —responde Henry— pero no quiero hablar.
Ricardo está confundido pero no insiste.
A las 3:30 pm la campana de la escuela suena y

Henry agarra su mochila y camina con su bicicleta. Henry no monta la bicicleta, él empuja la bicicleta y camina a casa. —Odio a Lakeville —piensa Henry.

Henry llora y zapatea por todo el camino pero de repente ve el carro del papá de Ricardo frente a su casa. ¿Qué hace el papá de Ricardo en mi casa? —se pregunta Henry.

Henry tira su bicicleta al suelo y va a casa

rápidamente. Henry abre la puerta y entra. En la mesa del comedor está su mamá y el papá de Ricardo tomando café.

—Hola Henry —dice su mamá
—Hola Henry —repite el papá de Ricardo.
—Hola —dice Henry con voz confundida.
—Henry —explica la mamá— el señor Rodríguez está aquí porque quiere invitarte[1] a Venezuela para que puedas ver los llanos y los vaqueros reales.
—Henry —continúa la mamá— si es con Ricardo y con su papá si puedes ir a Venezuela.
—ehh ¿Sí puedo ir a Venezuela? —pregunta Henry muy confundido.
—Sí Henry, con Ricardo y el señor Rodríguez puedes ir a Venezuela.

Henry siente su corazón agitado y no dice nada porque no tiene saliva en la boca. Está muy nervioso. Está confundido y emocionado. Henry está tan emocionado que llora de felicidad. Henry corre y abraza a la mamá y también abraza al señor Rodríguez.

[1]*quiere invitarte – wants to invite you*

Capítulo siete

El viaje

Faltan dos días para las vacaciones de verano y Henry ya tiene las maletas listas. Henry lleva pantalones largos y cortos, medias, camisas, calzones, y por su puesto, el sombrero de vaquero y su pistola de plástico. Henry está muy contento.

Finalmente el día llega. Henry está en el avión con Ricardo y su papá. Una azafata habla y da instrucciones pero Henry no escucha nada. Henry sólo piensa en los vaqueros de Venezuela. El avión vuela por 7 horas y llega a la capital de Venezuela. La capital se llama Caracas y es una ciudad muy grande. En Caracas Henry no ve vaqueros y tampoco ve vacas. Caracas es una ciudad moderna, hay muchos carros, camiones y autobuses. También hay un teleférico[1] muy bonito. El señor Rodríguez, Ricardo y Henry van a la estación de autobuses. En la estación de autobuses caminan hacia un autobús

[1]teleférico – cable car

grande que dice "LOS LLANOS".

—Okey, muchachos. Este es nuestro autobús.
Suban las maletas. —dice el papá de Ricardo.
—Okey papá —dice Ricardo.
—Okey Señor Rodríguez —repite Henry

El autobús prende el motor y empieza a andar por
la carretera. Henry observa la ciudad y luego el
campo pero la noche llega y Henry no puede ver
mucho. Henry está tan cansado que cierra la
cortina de la ventana, cierra los ojos y se duerme
en la silla del autobús. El papá de Ricardo y Ricardo
también se duermen.

En el medio de la noche el autobús para por unos
segundos en una carretera muy oscura. Henry
percibe un olor a limón con ají[1] en el aire y de
repente escucha un silbido[2] muy suave. También
escucha unos ruidos "cloc..clec..clic..clac.." y una
voz por fuera del autobús que susurra: "uno, dos,
tres, cuatro…"

Henry abre los ojos e inmediatamente abre la
cortina pero es de noche y no ve mucho. La luna se
ve como un banano y los árboles se ven grises y
negros. De repente Henry ve algo horrible. Es
grande y flaco, tiene ojos de fuego, un sombrero

[1]ají – spicy pepper
[2]silbido – someone whistling

viejo y roto y lleva una bolsa enorme con huesos. Henry tiembla un poco y se pregunta: ¿Es un hombre enorme y flaco?... ¿un fantasma? ...no ... ¿es un monstruo?... ¿es una sombra? ¡Qué horrible! ¿Qué es eso?

Henry lo mira por unos segundos. La criatura horrible ve a Henry y Henry inmediatamente cierra la cortina de la ventana. Henry tiene mucho miedo pero el autobús continúa. Henry ve a Ricardo y Ricardo duerme. También ve a las otras personas del autobús. Unas personas duermen y otras leen libros pero nadie ve a la criatura. Henry no quiere abrir la cortina porque tiene mucho miedo. Finalmente se duerme otra vez.

En la mañana el sol entra por la ventana y despierta a muchas personas pero Henry no se despierta. De repente, el autobús salta un poco y Henry abre los ojos. La cortina bloquea la ventana. Henry piensa en la criatura. ¿Fue un sueño?[1] —Se pregunta— sí, fue un sueño, fue un sueño, la criatura no es real —repite muchas veces en su mente. Entonces con una mano abre la cortina y ve muchas vacas y entre las vacas ve a un vaquero.

—UAU ¡Un vaquero real! —exclama Henry

—Ja ja ja —se ríe el papá de Ricardo —es un llanero, ya estamos en los llanos Henry.

[1] *¿Fue un sueño?– was it a dream?*

Capítulo ocho

Los llanos

Una hora más tarde el autobús llega a Elorza, el pueblo donde vive la familia de Ricardo. Henry está muy emocionado. En Elorza las casas no son grandes como las casas en Lakeville, Minnesota, son pequeñas y muy coloridas. Muchos hombres llevan sombreros de vaquero y también los niños. Henry no se siente extraño, ahora se siente un niño normal.

Después de comer un desayuno grande y un poco extraño para Henry, plátano con piraña frita, la familia de Ricardo los invita al rancho para ver los llanos y los vaqueros.

Toda la familia va en un vehículo y finalmente llegan al rancho. En el rancho Henry ve un río enorme. El río se llama Arauca. En el río Henry ve caimanes enormes y muchas pirañas. También ve una boa constrictora en el agua. Es una serpiente muy grande. Los llanos son muy bonitos pero muy

diferentes a Lakeville, Minnesota. En la pradera
Henry ve un animal muy extraño.

—¿Qué es eso? —pregunta Henry señalando a un
animal.

—Es un capibara, el roedor más grande del mundo[1]. Es como un ratón enorme —responde Ricardo con una sonrisa.

Henry también ve muchas vacas blancas. Las vacas son diferentes a las vacas de las películas. Aquí las vacas tienen orejas grandes y un morro grande en la espalda. En la pradera también ve muchos vaqueros. Los vaqueros también son un poco diferentes. Los vaqueros de las películas llevan botas, camisas de cuadros, cinturón y pistolas. En los llanos muchos vaqueros no usan zapatos, se quitan la camisa y no tienen cinturones grandes. No todos tienen pistolas pero sí montan en caballos y tienen sombrero y lazos. Son hombres muy valientes y fuertes.

—Henry —dice el papá de Ricardo— los vaqueros se van mañana a llevar las vacas a otro rancho. ¿Quieres ir con ellos?
—Sí, por favor, quiero ir —responde Henry emocionado.
—Son dos días de camino —explica el señor Rodríguez.

[1]*El roedor más grande del mundo – The world's largest rodent*

—¡No me importa, quiero ir! —responde Henry
emocionado.

—Okey vaquero, ésta es tu oportunidad —le dice el
papá de Ricardo con una sonrisa.

Capítulo nueve

Alguien silba

En la tarde Henry ve como los vaqueros juegan con los toros bravos. Los vaqueros compiten. Los toros corren y los vaqueros agarran la cola del toro y tratan de tumbar al animal.

Es el deporte de los vaqueros en los llanos. Se llama Coleo. Henry está muy impresionado.

Esa noche los vaqueros prenden fuego y preparan carne y plátano. Henry come mucha carne y está contento. Los vaqueros tienen un arpa, maracas y un cuatro. El cuatro es un instrumento musical similar a una guitarra pequeña con cuatro cuerdas. Los vaqueros cantan y tocan música. También hablan y cuentan historias. Hay un vaquero gordito que se llama Luis. Luis cuenta muchas historias y chistes. Todos los vaqueros se ríen y están muy contentos pero de repente Luis grita: —¡Silencio! Creo que escuché[1] a El Silbón[2].

Todos los vaqueros cierran la boca y nadie habla. Están muy nerviosos y hasta el vaquero más valiente tiembla y llora como un bebé. Se escucha un silbido muy fuerte. Alguien silba en la pradera y está muy cerca. El silbido se escucha muy cerca.

—Se escucha cerca —dice un vaquero— ¡Qué alivio!

—Sí, El Silbón está muy lejos —dice Luis— continuemos, no hay problema.

[1]*Creo que escuché – I think I heard*

[2]*El Silbón – The whistler*

Henry está muy confundido y no comprende nada.

—Ricardo, ¿quién es El Silbón y por qué dice Luis
que está lejos si yo escuché el silbido muy cerca?
¿Por qué todos los vaqueros fuertes y valientes
tienen miedo? No comprendo nada.

—Henry —explica Ricardo— es un poco complicado de explicar. El Silbón es el espíritu de un muchacho muy malo que mató[1] a su padre y está condenado a caminar por los llanos. El Silbón siempre busca victimas.

—¿Víctimas? —pregunta Henry.

—Sí Henry —continúa Ricardo— El Silbón se come el estómago de sus victimas. Sus favoritos son los borrachos y los malos esposos pero también come niños.

—¿Qué? —dice Henry sorprendido— ¿Ataca a los niños también?

—Sí Henry, a los niños también.

—No continúes por favor —suplica Henry

—El muchacho antes de morir sufrió mucho. Su abuelo furioso le pegó con un látigo[2] y permitió que los perros lo atacaran. También le puso limón, y ají rojo en sus heridas. Finalmente murió y se transformó en El Silbón. Un espíritu muy malo que silba en los llanos.

—Tengo miedo Ricardo —dice Henry con voz nerviosa— porque El Silbón está aquí muy cerca.

—No —responde Ricardo— El Silbón no está cerca. Cuando el silbido se escucha cerca es que está muy lejos pero cuando se escucha lejos es que está muy cerca.

— ¡Qué locura! ... ¿Qué hacen las personas cuando ven a El Silbón? —pregunta Henry nervioso—

[1]mató –killed

[2]látigo – whip

29

—El Silbón le tiene mucho miedo a los perros, al ají
rojo, al limón y al látigo. Los vaqueros siempre
tienen estas cosas listas cuando están en los llanos.
—Ay no más por favor —suplica Henry otra vez—
tengo mucho miedo.

Finalmente, todos se acuestan y duermen en la
pradera. Henry escucha como roncan[1] los vaqueros
y escucha los insectos. Henry no duerme en toda la
noche porque está muy nervioso.

[1]roncan – (they) snore

Capítulo diez

El caballo

*A*l siguiente día Henry desayuna con los vaqueros. Hoy Henry toma café con leche y come carne de capibara con yuca frita. Henry está un poco cansado pero se pone su sombrero y observa los llanos. Henry ve como Ricardo monta un caballo blanco y su papá monta un caballo rojizo. Henry quiere un caballo pero no sabe que los vaqueros le tienen una sorpresa.

—Aquí tienes Henry —le dice un vaquero— un caballo blanco con manchas negras.
—¡UAU! —exclama Henry —mi caballo favorito. Quiero montar mi caballo.
—Espera...espera muchacho —dice el vaquero— el caballo es salvaje y tienes que amansarlo[1].

Los vaqueros suben a Henry al caballo y el caballo empieza a saltar y a dar patadas. El caballo está muy loco.

[1]*tienes que amansarlo – you have to tame it*

Henry se agarra del pelo del caballo. Los vaqueros gritan "uaaaaa ...ayyyyy ...uuaaaaa" y aplauden.. pero de repente, Henry se cae del caballo. Hay silencio por unos segundos pero Henry está bien y se levanta inmediatamente. Los vaqueros se ríen y aplauden. ¡Muy bien Henry! ¡Excelente llanero! — gritan los vaqueros. Henry monta su caballo muchas veces. Finalmente, Henry logra amansar su caballo. Henry monta su caballo por los llanos con los vaqueros. Henry se siente como un vaquero real.

Henry monta todo el día en su caballo con los vaqueros. Está muy cansado y toma un poco de agua. Los vaqueros buscan un lugar para dormir y empiezan a construir el campamento. La luna sale y el sol desaparece. De repente, un hombre muy viejo con un sombrero grande llega al campamento. El hombre viejo monta un caballo negro. El hombre viejo advierte que a dos kilómetros de distancia hay un cuerpo de un hombre muerto sin estómago. —No sé si fue victima de un jaguar —explica el hombre viejo— o si fue otra víctima más de El Silbón. Hay silencio en el grupo por unos segundos pero de repente uno de los vaqueros llora como un bebé. Todos tienen mucho miedo. El hombre viejo se despide y desaparece en la oscuridad.

Henry tiene miedo pero trata de no pensar en El Silbón. Con la luz de la luna ve un árbol de mango cerca del campamento. Henry monta su caballo para agarrar un mango rojo y enorme, pero de repente, el caballo ve una serpiente. El caballo se para en dos patas y salta. Henry agarra el pelo de su caballo. El caballo tiene mucho miedo y corre. Henry monta pero no puede controlar a su caballo. El caballo corre y corre. Los llaneros están ocupados y no ven a Henry. Henry grita "Socorro" pero está muy lejos y nadie escucha. El caballo continúa porque tiene mucho miedo. El caballo corre y corre. Finalmente, el caballo para pero Henry no ve las vacas, no ve a los vaqueros, no ve a nadie. Henry no ve casas, no ve ranchos, no ve nada, sólo pasto. Henry grita muchas veces pero ni el eco de su voz responde. ¡Ay caray! Henry está solo con su caballo en los llanos. ¡Qué miedo!

Capítulo once

¡Qué miedo!

La noche llega y Henry amarra[1] su caballo a un tronco y construye una cama con el pasto. En la noche oscura se ven las estrellas y sólo se escuchan los grillos y las ranas. Henry cierra los ojos y trata de dormir pero no puede. El ruido de las ranas es muy fuerte y los insectos constantemente quieren morder sus piernas, brazos y su cara.

—No me gustan los llanos —piensa Henry— quiero ir a Lakeville con mi mamá.

Henry no está contento y empieza a llorar cuando se percata que la pradera está en silencio. Los insectos también desaparecen. Henry solo escucha la respiración de su caballo. No hay sonidos, la noche ahora está muy silenciosa. ¡Qué extraño! Ningún animal hace ruido. No se escucha nada, absolutamente nada. Solo la respiración de su caballo. Henry tiene un poco de miedo. De repente,

[1]amarra – ties

alguien silba muy fuerte y Henry salta y abre los ojos. Henry escucha el silbido muy cerca pero no ve a nadie. ¡El Silbón! —piensa Henry. El silbido continúa muy fuerte. No se escucha nada más, sólo el silbido; los animales continúan en silencio. El caballo está muy nervioso y Henry recuerda la explicación de Ricardo. "Tranquilo caballo, El Silbón está lejos, está muy lejos porque el silbido se escucha cerca" —le dice Henry a su caballo. El caballo está agitado y muy nervioso. De repente, los arbustos se mueven detrás de Henry. El caballo relincha y Henry siente el corazón agitado en su pecho. El Silbón está cerca, los arbustos se mueven otra vez.

—Por favor soy un niño, ¿qué quieres? —pregunta Henry con voz muy nerviosa.
—Papel —responde una voz misteriosa.
—¿Papel? ¿Para qué? —pregunta Henry sorprendido.
—Sí papel —responde la voz misteriosa— no preguntes mucho niño.

Henry siente como sus piernas tiemblan.

—No quiero morir ....no quiero morir... soy un niño —repite Henry mientras busca un pedazo de papel.

Henry tiene mucho miedo y está muy confundido

pero mueve el pasto con la mano y ve un hombre gordito. El hombre no tiene pantalones. ¡Ay caray!

—¡Ay qué asco! —exclama Henry— ¿Luis eres tú?
—En los llanos no hay baños Henry —responde el hombre con vergüenza— claro que soy yo.
—Pensé que eras El Silbón. —le grita Henry mientras le da un pedazo de papel.
—¿El Silbón? —pregunta Luis con una sonrisa— El Silbón es flaco y yo soy muy gordo.
—¿Qué haces tan lejos del campamento? —pregunta Henry.
—¿Lejos del campamento? Responde Luis sorprendido. El campamento está muy cerca.

Increíble, el caballo de Henry había corrido[1] en círculos por muchos kilómetros.

[1]*Había corrido– Had run*

Capítulo doce

El último día

Es el último día en Venezuela y Henry empaca las maletas y se sube al autobús con Ricardo y su papá. Henry está contento porque quiere ver a su mamá pero también un poco triste. Venezuela es un país hermoso y los vaqueros son reales. Henry piensa mucho y habla con el papá de Ricardo.

—Quizás no soy un vaquero real, es muy difícil ser un vaquero —dice Henry.
—No digas eso Henry, eres un vaquero real —responde el señor Rodríguez.
—Me da mucho miedo con El Silbón y por eso no puedo vivir en los llanos —explica Henry.
—Je je je —se ríe el señor Rodríguez— El Silbón es una leyenda Henry, no es real.
—¿No es real? —pregunta Henry sorprendido.
—¡Claro que no! —responde el señor Rodríguez con seguridad— Un muchacho alto y flaco que silba, con sombrero viejo y roto, ojos de fuego y una bolsa con los huesos de sus víctimas no es real, es

39

sólo una leyenda —explica el señor Rodríguez.

Henry recuerda la criatura que vio por la ventana del autobús. Una criatura extraña y horrible. Henry siente escalofrío.

—¿Una bolsa con huesos? ¿Flaco, alto y con sombrero viejo y roto? —pregunta Henry con muchos nervios.
—Sí Henry, —continúa el papá de Ricardo— y dicen que si alguien escucha como cuenta los huesos, entonces no hay problema, pero si nadie lo escucha la tragedia está cerca.
—¿Cuenta los huesos? —pregunta Henry muy nervioso y con el corazón muy agitado.
—Sí Henry, cloc..uno, clec..dos, clic..tres, clac..cuatro...así describen los vaqueros a El Silbón, pero en realidad nadie lo ha visto[1]. —explica el señor Rodríguez con una sonrisa.

Henry siente escalofrío otra vez y no puede hablar más. La descripción que hace el señor Rodríguez es exacta a la criatura horrible. Henry había visto a El Silbón por la ventana del autobús.

—No es un sueño, no es una leyenda —piensa Henry— El Silbón es real, por eso los vaqueros le tienen mucho miedo y además lo escuché contar sus huesos.

[1]*nadie lo ha visto – no one has seen him*

Capítulo trece

El sombrero

El avión llega tarde a Minnesota y Henry está muy cansado. Su mamá lo espera y lo abraza muy fuerte. El señor Rodríguez y Ricardo se despiden.

—¡Hola vaquero! —le dice su mamá con una sonrisa— ¿Cómo estás? ¿Qué tal Venezuela?
—Muy bien mamá —le responde Henry— pero estoy cansado y quiero dormir. Mañana te cuento todo[1]. ¿Está bien?
—Claro que si Henry vamos al carro.

Henry se sube al carro y cierra los ojos pero no puede dormir porque su mamá escucha música muy fuerte en el radio.
Su mamá conduce por veinte minutos y finalmente llega a la casa. Henry va al baño y su mamá abre la maleta para organizar su ropa.
—¡Qué asco Henry! —exclama la mamá— tu ropa está muy sucia.
—Mamá los vaqueros llevan ropa sucia — le

[1]te cuento todo – I'll tell you everything

responde Henry desde el baño.

—Los pantalones, las camisas, todo está sucio —le dice su mamá— y ¿por qué trajiste[1] un sombrero viejo y roto?

En ese momento Henry percibe un olor a limón con ají picante. Sale del baño y entra al dormitorio. Su mamá tiene en la mano un sombrero viejo y roto. Henry siente escalofrío y no puede responder. Henry lo reconoce[2], es el sombrero de El Silbón. El Silbón había empacado el sombrero en su maleta. ¿Cómo es posible? —piensa Henry— y de repente Henry escucha un silbido muy lejos. La mamá continúa organizando la ropa. ¿Qué? —piensa Henry mientras sus piernas tiemblan— ¿El Silbón en Minnesota?

[1]*por qué trajiste – why did you bring*
[2]*reconoce – recognizes*

43

Vocabulario

A las At/ the

A veces Sometimes

Abraza Hugs

Abre Opens

Absolutamente Absolutely

Abuelo Grandfather

Accidentalmente Accidently

Además Furthermore

Adiós Goodbye

¿Adivina qué? Guess what?

Advierte Warns

Agarra Grabs

Agarran They grab

Agarrar To grab

Agitado Agitated

Agua Water

Ahora Now

Ají Hot pepper

Al To the/at the

Algo Something

Alguien Someone

Aló Hello (On the phone)

Al siguiente día The next day

Alto Tall

Amansar To tame

Amansarlo To tame it

Amarra Ties

Amigo Friend

Analiza Analyzes

Andar To move/roll/walk

Antes Before

Apaga Turns off

Aplauden They clap

Aquí Here

Aquí tienes

Arauca A river of Colombia and Venezuela

Árboles Trees

Arbustos Bushes

Arpa Harp

Así That's how

Atacaran To be attacked

Autobús Bus

Avión Airplane

¡Ay caray! Oh gosh!

¡Ay no! Oh no!

Azafata Flight attendant

Baila Dances

Banano Banana

Baños Bathrooms

Bicicleta Bicycle

Blanco White

Bloquea Blocks

Boa constrictora Boa constrictor

Boca Mouth

Bolsa Bag

Bonito Pretty

Borrachos Drunks

Botas Boots

Bravos Angry/rough

Brazos Arms

Busca Looks for

Buscan They look for

Caballo Horse

Café Coffee

Caimanes Caimans

Caja Box

Calzones Underwear

Cama Bed

Camina Walks

Caminan They walk

Caminar To walk

Camino Path

Camiones Trucks

Camisa Shirt

Camisas Shirts

Campamento Camp

Campana Bell

Campo Countryside

Cantan They sing

Capibara The world's largest rodent

Cara Face

Caracas The capital of Venezuela

Carne Meat

Carretera Road

Carro Car

Casa House

Casa House

Cerca de Near

Chistes Jokes

Cierra Closes

Cierran They close

Cinturón Belt

Círculos Circles

Ciudad City

Clac Clic The sound of bones

Claro Of course

¡Claro que no! Of course not!

Clase Class

Cocina Kitchen

Cola Tail

Colección Collection

Coleo A traditional cowboy sport from the llanos

Colombia A South American country

Colores Colors

Coloridas Colorful

Columpios Swings

Comedor Dining room

Comer To eat

Comida Food

¿Cómo estás? How are you?

Como Like/how

Compiten They compete

Complicado Complicated

Comprende Understands

Comprendo I understand

Computadora Computer

Con With

Concentrarse To concentrate

Conduce Drives

Confundida Confused

Conmigo With me

Conoce Knows

Constantemente Constantly

Construir To build

Construye Builds

Contar To count

Contigo With you

Continúa Continues

Continuemos Let's continue

Controlar To control

Corazón Heart

Corre Runs

Cortina Curtain

Cortos Short

Cosas Things

Costilla Rib

Creo I think

Criatura Creature

Cristal Glass

Cuadros Squares

¿Cuándo? When?

Cuando When

Cuatro A small guitar-like instrument with four strings

Cuenta Counts/ Tells

Cumpleaños Birthday

Da Gives

Dar patadas To kick

De camino of travel

De From/of

De repente Suddenly

Del of

Dentro de Inside of

Deporte Sport

Desaparece Disappears

Desaparecen They disappear

Desayuna Eats breakfast

Desayuno Breakfast

Describen They describe

Descripción Description

Desde From

Despierta Wakes up

Después After

Detrás de Behind

Días Days

Dice Says

Diez Ten

Diferentes Different

Difícil Difficult

¡Dije que no más! I said no more!

Disparan They shoot

¿Dónde está? Where is?

¿Dónde están? Where are?

Donde Where

¿Dónde? Where?

Dormir To sleep

Dormitorio Bedroom

Dos Two

Duerme Sleeps

Duermen They sleep

Durante During

Él He

El Silbón The whistler, a feared ghost of Los llanos

El The (masculine)

Elorza A small town in the Venezuelan llanos

Emocionado Excited

Empaca Packs

Empacado Packed

Empieza Starts

Empiezan They start

Empuja Pushes

En ese momento In that moment

En In

En realidad In reality

¿En serio? Seriously?

Energía Energy

Enojada Mad (female)

Enorme Enormous

Entonces Then/so

Entra Enters

Entre Between

Eras You were

¿Eres tú? Is that you?

Eres You are

Esa That one

Escaleras Stairs

Escalofrío Shivers

Esconde Hides

Escribe Writes

Escucha Listens

Escuché I heard

Escuela School

Eso That

Espacio Space

Espalda Back

Español Spanish

Especialmente Especially

Espera Waits

Espíritu Ghost/spirit

Esposos Husbands

Está aquí Is here

Está bien Okay/is Okay

Está cansado Is tired

Está cerca Is near

Está condenado Is condemned

Está confundido Is confused

Está contento Is happy

Está enojado Is angry

Está Is

Está lejos it's far away

Está lloviendo It's raining

Está nervioso Is nervous

Está normal Is normal

Está sentado Is seated

Está tan cansado que S/he is so tired that

Está tan emocionado que S/he is so excited that

Está triste Is sad

Estación de autobuses Bus station

Estamos We are

Están contentos They are happy

Están ocupados They are busy

Están They are

¿Estás bien? Are you okay?

Estas These

Estilo Style

Estoy bien I'm okay

Estrellas Stars

Exacta Exactly

¡Excelente! Excellent!

Exclama Exclaims

Explica Explains

Explicación Explanation

Explicar To explain

Extraño Strange

Fantasma Ghost

Favorita Favorite (female)

Favorito Favorite (Male)

Felicidad Happiness

Finalmente Finally

Fines de semana Weekends

Firme Firm

Flaco Skinny

Frente In front	**Hombre** Man
Frita Fried	**Horas** Hours
Fue It was	**Horrible** Horrible/super ugly
Fuego Fire	**Hoy** Today
Fuerte Strong	**Huesos** Bones
Furioso Angry	**Ideas** Ideas
Fútbol Soccer	**Impresionado** Impressed
Gordito Chubby	**Increíble** Incredible
Gordo Fat	**Información** Information
Gotas Drops	**Inglés** English
Grande Big	**Inmediatamente** Immediately
Grillos Crickets	**Insectos** Insects
Grises Gray (plural)	**Insiste** Insists
Grita Screams	**Instrucciones** Instructions
Gritan They scream	**Interrumpe** Interrupts
Había S/he had/ there was	**Invita** Invites
Habla Speaks	**Invitarte** Invite you
Hablar To speak	**Ir** To go
Hace frío It's cold	**Ja ja ja** ha ha ha
Hace ruido Makes noise	**Je je je** he he he
Hace viento It's windy	**Juega** Plays
Hacia Towards	**Juegan** They play
Hay There are	**Juguetes** Toys
Heridas Wounds	**Juntos** Together
Hermoso Pretty	**La** The (Female)
Historias Stories	**Lágrimas** Tears
Hola Hi	**Largos** Long (Male plural)

Las The (Female plural)

Látigo Whip

lazos Ropes

Le da Gives

Le encanta He loves

Le grita Screams at him/her

Le gustan He/she likes

Le Him/her

Le pasa Passes him

Le pegó S/he hit him

Le tienen miedo They are scared of him

Leche Milk

Lee Reads

Leen They read

Lejos Far away

Lentes Glasses

Leyenda Legend

Libros Books

Limón Lemon

Listas Ready

Llanero Plainsman

Llanos Plains

Llega Arrives

Lleva Wears/carries

Llevar To wear/to carry

Llora Cries

Llorar To cry

Lo escuché I heard him

Lo ha visto Has seen it

Lo mira He looks at him

Lo miran They look at him

Loco Crazy

Logra Achieves

Los dos Both of them

Luego After that

Lugar Place

Luna Moon

Luz Light

Macarrones Macaroni

Maletas Suitcases

Malo Bad

Mamá Mother

Mañana Tomorrow

Manchas Spots

Mano Hand

Mapa Map

Maravilloso Marvelous

Marrones Brown (plural)

Más enojada Angrier

Más More

Mató He killed

Me gusta I like

Medias Socks

Medio Middle

Mente Mind

Mesa Table

Meses Months

Mi My

Miente Lies

Mientras While

Miniatura Miniature

Miran They look

Misteriosa Mysteriously

Mochila Backpack

Moderna Modern

Momento Moment

Monstruo Monster

Monta Rides

Montan They ride

Montar To ride

Morder To bite

Morir To die/dying

Morro Hump

Muchacho Boy

Mucho A lot/much

Mueve Moves

Mundo World

Murió Died

Música Music

¡Muy bien! Very good!

Muy Very

Nada Nothing

Nadie No one

Necesita Needs

Necesitas You need

Negro Black

Nervios Nerves

Nerviosa Nervous

Ni Nor/Not even

Ningún None

Niño Boy

Niños Children

No comprendo I don't understand

No digas eso Don't day that

No hace frío It's not cold

No hay otra There isn't another

No más No more

No me gusta I don't like

¡No me importa! I don't care

No me permite ir She doesn't allow me to go

No preguntes Don't ask

No puede Can't

No puedo I can't

No soy I am not

No todos Not all

No ve nada Can't see anything

Noche Night

Nombre Name

Nuestro Our

Observa Observes

Obvio Obvious

Odio Hate

Ojos Eyes

Oportunidad Opportunity

Orejas Ears

Oscura Dark

Oscuridad Darkness

Otra Another

Otra vez Again

País Country

Palabra Word

Palomitas de maíz Popcorn

Pantalones Pants

Papá Dad

Papel Paper

Para For

¿Para qué? For what?

Parque Park

Pasa Passes

Pasto Grass

Patas feet (animal)

Pecho Chest

Pedazo Piece

Películas Movies

Pelo Hair

Pensar To think

Pensé I thought

Pequeño Small

Permitió He allowed

Pero But

Perros Dogs

Personas People

Piensa Thinks

Piensan They think

Piernas Legs

Piraña Piranha

Pirañas Piranhas

Pistola Pistol

Planes Plans

Plástico Plastic

Plátano Plantain

Platos Plates

Poco Little/not much

Por by

Por eso because of that

Por favor Please

Por fuera Outside

¿Por qué? Why?

Por su puesto Of course

Por todo For all

Porque Because

Pradera Prairie

Pregunta Asks

Prende Turns on

Prenden They light up

Preparan They prepare

Presentación Presentation

Problema Problem

Profesora Teacher

Pronuncia Pronounces

Pueblo Small town

Puedes You can

¿Puedo? Can I?

Puedo I can

Puerta Door

Puso He put

¡Qué alivio! What a relief!

¡Qué asco! How disgusting!

¿Qué es eso? What's that?

¡Qué extraño! How strange!

Que hace That he makes

¿Qué hace? What is it doing?

¿Qué hacen? What do they do?

¡Qué horrible! That's horrible!

¡Qué locura! That's crazy!

¡Qué miedo! How scary!

¿Qué quieres? What do you want?

¿Qué tal? How was/how are you

¿Qué te pasa? What's wrong?

¿Qué vergüenza! How embarrassing!

¿Qué? What?

Queso Cheese

¿Quién? Who?

Quiere ir a Wants to go to

Quiere ser Wants to be

Quiere Wants/ likes

Quieren They want

¿Quieres ir? Do you want to go?

Quiero I want

Quizás Perhaps

Ranas Frogs

Rancho Ranch

Ranchos Ranches

Rápidamente Quickly

Ratón Mouse

Real Real

Reales Real (plural)

Reconoce Recognizes

Recreo Recess

Recuerda Remembers

Relincha Neighs

Repite Repeats

Respiración Breathing

Responde Responds

Responder To respond

Revela Reveals

Roedor Rodent

Rojizo Reddish

Rojo Red

Roncan They snore

Roto Ripped

Rubio Blond

Ruedan Roll

Ruido Noise

Sabe Knows

Sabes You know

Sale Leaves/exists

Saliva Saliva

Salta Jumps

Saltar To jump

Salvaje Wild

Se acuestan They lay down

Se cae Falls

Se escapan They escape

Se escucha It can be heard

Se levanta Gets up

Se llama His/her name is

Se mueven They move

Se para Stands up

Se percata Notices

Se pone Puts on

Se pregunta Asks himself

Se quitan They take off

Se ríe Laughs

Se ríen They laugh

Se sube Gets on

Se transformó Transformed into

Se van They leave

Se ven They can bee seen/ They look

Seca Dry

Secreto Secrete

Segundos Seconds

Seguridad Security

Señalando Pointing at

Señor Mr.

Sentado Seated

Ser To be

Serpiente Snake

Si es con If it's with

Si Yes

Siempre Always

Siente Feels

Silba Whistles

Silbido Whistle

Silencio Silence

Silenciosa Silent

Silla Chair

Sin Without

Sirve Serves

Sobre About

Socorro Help

Sol Sun

Solo Alone

Sólo Only

Sombra Shadow

Sombrero Hat

Son They are

Sonidos Sounds

Sonrisa Smile

Sopa Soup

Sorprendido Surprised

Sorpresa Surprise

Soy I am

Su His

Suave Smooth

Suban Get on/get up

Sube Goes up

Suben a Henry They put Henry on

Sucios Dirty

Suelo Ground

Suena Rings

Sueño Dream

Sufrió Suffered

Suplica Begs

Sus His

Susurra Whispers

Susurró Whispered

También Also

Tampoco Neither

Te cuento I'll tell you

Teleférico Cable cart

Teléfono Telephone

Tengo I have

Tengo miedo I'm scared

Termina Ends

Tiembla Shakes

Tiemblan They shake

Tiene 11 años Is 11 years old

Tiene Has

Tiene hambre Is hungry

Tienen miedo They are scared

Tienen They have

Tienes que You have to

Tocan They play

Todo All/everything

Todo el día All day

Todos All of them

Toma Drinks

Tomando Drinking

Toros Bulls

Tragedia Tragedy

Trajiste Did you bring

Tranquilo Quiet/calm

Trata Tries to

Tratan They try to

Tratando Trying to

Triste Sad

Tronco Trunk

Tú You

Tu Your

Tumbar To knock down

¡Uau! Wow!

Último Last

Un A (Masculine)

Un poco A little

Una A (Feminine)

Unas Some (Feminine)

Unicornios Unicorns

Unos Some (Masculine)

Usan They use

Va a Goes to

Vacaciones Vacation

Vacas Cows

Valientes Brave

Vamos Let's go

Vaqueros Cowboys

Ve Sees

Veces Times

Vehículo Vehicles

Ven They see

Venezolano Venezuelan

Venezuela A South American Country

Ventana Window

Ver To see

Verano Summer

Vergüenza Embarrassment

Viaje Trip

Víctimas Victims

Videojuegos Videogames

Viento Wind

Vio He saw

Visto Seen

Vive Lives

Vives You live

Voz Voices

Vuela Flies

Y And

Ya Now

Yo I

Yuca A potato-like root

Zapatea Stomps

Zapato Shoes